Preface

दो प्रतिबिंब में अपना
अस्तित्व ढूँढता ये मन
एक छवि कल्पनाओं की
एक यथार्थ का दर्पण
॥ ॥ ॥सतीष

Insight -एक एहसास

कविताएँ

Satish G

BookLeaf Publishing
India | USA | UK

Made with ❤ on the BookLeaf Publishing Platform
www.bookleafpub.in
www.bookleafpub.com

Dedication

उन सभी को जिन्होंने अपने प्रकृति या व्यवहार से मेरे विचारों को प्रभावित किया..

Acknowledgements

मैं सभी महान कवियों विशेषकर टैगोर, गुलज़ार, शहरयार, दुष्यंत, साहिर और अमृता प्रीतम के प्रति आभार व्यक्त करता हूँ, जिन्होंने हमेशा अपने विचारों से मुझे प्रेरित किया और मेरे लेखन में योगदान दिया। मैं उन सभी दुखों और खुशियों का आभारी हूँ, जिनमें से कुछ मैंने अनुभव किए हैं और कई जो मैंने अपने अवलोकनों के माध्यम से कल्पना की हैं। मैं उस परमात्मा, मित्र को धन्यवाद देता हूँ, जिन्होंने मुझे ईश्वर, प्रेम, जीवन, रिश्तों और प्रकृति के बारे में शब्दों के रूप में अपनी धारणा व्यक्त करने की शक्ति दी है। मेरे कौशल को स्वीकार करके प्रकाशन प्रक्रिया को सरल बनाने के लिए बुकलीफ़ का आभारी हूँ।

1. प्रेमार्थ

कोई प्रेम का लक्ष्यार्थ समझाये
आडंबर सा लगा जिन से भी मिला

उलझते गए हर फ़साने सुलझाते
हर किरदार में वो पहेली सा मिला

नाम भी चुना तो रिश्ते सा कोई
रिवाज़ो सा बस वो निभाते मिला

एक सूरत चाहत की उभरे कहीं
हमशक्ल मिले ,वो चेहरा ना मिला

अर्थी में मरघट तक के सफ़र में
जो मिला हमे वो उम्र भर ना मिला

सतीष

2. मेरा ये दिल ..

बड़ा खामोश रहता हैं
धड़कता हैं मचलता नहीं
कई दिन से मेरा ये दिल
मेरा अपना सा लगता नहीं

हूक उठती नहीं कोई
दर्द उसको नहीं होता
सहता है, चीख़ उसकी
पलकों तक पहुंचता नहीं
कई दिन से मेरा ये दिल
मेरा अपना सा लगता नहीं

हैं कुछ यादों का बसेरा
चले आते हैं और जाते है
कोई लम्हा मगर लेकिन
इनकी गलियों में ठहरता नहीं
कई दिन से मेरा ये दिल
मेरा अपना सा लगता नहीं
॥॥॥॥सतीष

3. अंतःकरण

बरस के ठहर गई नयनन में
बरखा सावन की
पलकों में आँसू भर लायी
याद मोरे साजन की

झोंके से मचले जो दीपक
आँधी में बुझ जाये
श्वास दे है प्राण जो , वही
मन विचलित कर जाये
पल बदले ऋतुएँ बदले
बदले दशा हर मन की
समय की वेग से बंधे हैं
डोर अंतःकरण की
बरस के ठहर गई नयनन में
बरखा सावन की ...

दो है पीर,एक कल से जुड़ा
एक कल से ,जो आये
दोनों घाव समय के दिये हैं
दोनों भाव भिन्न जगाये

एक निराशा बिरहा की
दूजी आस मिलन की
समय की वेग से बंधे हैं
डोर अंतःकरण की
बरस के ठहर गई नयनन में
बरखा सावन की....
॥॥॥॥सतीष

4. इंतज़ार

इस उम्मीद में की कोई
खटखटाये दिल के दर आकर
रात जागते गुज़ारी मैंने
ख़्वाबों को सिरहाने रख कर
हर आहट पर ध्यान लगाये
आस लिए की अब तू आये
मानो पल भी ठहर गया हो
वक़्त की दौड़ से बिछड़ कर
भोर हुई पर तिमिर ना टला
थक गये नयन राह तक कर
तुम ना आए पर साथ रहे
मेरे इंतज़ार का सबब बन कर

इस उम्मीद में की कोई
खटखटाये दिल के दर आकर
रात जागते गुज़ारी मैंने
ख़्वाबों को सिरहाने रख कर
॥॥॥सतीष

5. Reconciliation

सब्र से जुनूँ को पालना आता है
अब इंतज़ार में भी मज़ा आता है
मैंने फ़ासलों में सुकू कँा पता ढूढ ँलिया
अब तेरे ख्यालों में डूब कर तैरना आता है
तेरी जुस्तजू जगाते हैं एहसास कई
बिन कहे उन्हें लफ़्ज़ों में पिरोना आता है
अब मुझे मुझमें रहना आता है
अब मुझे इश्क़ करना आता है
॥॥॥सतीष

6. कवि हूँ मैं ....थोड़ा बदनाम हूँ

एहसास संभलते नहीं
कायदों से अनजान हूँ
सीमा नहीं होती जिस की
ऐसी सोच का ग़ुलाम हूँ
कवि हूँ मैं ....थोड़ा बदनाम हूँ

ख़ुशियों की आवाज़ हूँ
ग़मों का मैं राज़ हूँ
जज़्बातों का अल्फ़ाज़ हूँ
तारीफ़ों का मोहताज हूँ
कवि हूँ मैं ....थोड़ा बदनाम हूँ

बागी लगे दुनिया को जो
तजुर्बों का वो अंजाम हूँ
जीता हूँ रोज़ हक़ीक़त से लड़के
ख्यालों का जहान हूँ
कवि हूँ मैं ...थोड़ा बदनाम हूँ

ख़ुद ही में रहता हूँ हर पल
तन्हाइयों का करार हूँ

हारता हूँ मैं रोज़ जहां से
नाकामियों का आयाम हूँ
कवि हूँ मैं ...थोड़ा बदनाम हूँ

है दिल मेरा प्रेम का दरिया
भावनाओं का प्रवाह हूँ
डूबी जहाँ हर कश्ती दिल की
भंवरों भरा वो सैलाब हूँ
कवि हूँ मैं ...थोड़ा बदनाम हूँ
॥॥॥सतीष

7. दास्तान

कल बस आज की दास्तान दोहरायेगा
एक याद बनकर हर लम्हा
पास बुलायेगा
जाना जहाँ जिस्म को मुमकिन ना हो
दिल को फिर उन्ही ख्वाहिशों से मिलवायेगा
जो अधूरी सी रही एक उम्मीद लिए
फिर एक नई वो प्यास बन जाएगा
और तेरी आस लिए,बिन जिए ही
कल फिर आज की दास्तान दोहरायेगा
एक याद बनकर हर लम्हा
पास बुलायेगा
॥॥॥सतीष

8. एक ख़याल

सोचा नहीं कभी
की कैसा लगता होगा
जब मेरे लफ़्ज़ों में डूब कर कोई
अपने लिए किनारा ढूढताँ होगा

होंगे ऐसे हमनवा जिनकी
तड़प को साथी मिला हो कोई
या ख़ुद ही को मेरे नज़्म का
ख़याल वो समझता होगा

होंगे कुछ दर्दमंद भी ऐसे
गमगुसारी जस्बात में लिए
मेरी दास्ताँ में दबी दर्द को पढ़
दो आँसूँ बहाता होगा

कुछ ऐसे भी होंगे संगदिल
बागी लगे जिन्हे अल्फ़ाज़ मेरे
तौलते हो ज़माने की नज़र से
रुसवाई से जो डरता होगा

मेरी नज़र में सब एहसास है
हालात के जगाये हुए
किरा पल जिस नज़रिये से
कोई क्या देखता होगा
सोचा नहीं कभी
की कैसा लगता होगा
जब मेरे लफ़्ज़ों में डूब कर कोई
अपने लिए किनारा ढूढँता होगा
॥॥॥॥सतीष

9. मन

मन मेरे तू अब जुटा धैर्य
मान वही.....बने तेरा यक़ीं जो
करें क्यों सिद्ध भला स्वयं को
संसार को लगे जो सही वो
भिन्न है पहचान हर नज़र में
कैसे नज़रिए बाधा कोई हो?
आये विपदा कोई की दशा बदले
बचता विकल्प और नहीं हो !
है ढूढनँा मुझे सच मेरा,जहाँ...
तलाश चुनती डगर नयी हो
मन मेरे तू अब जुटा धैर्य
मान वही.....बने तेरा यक़ीं जो
॥॥॥सतीष

10. रंज

है नुमा जो रंज वो
नफ़रतें होते अगर
बहलाते रहते आज भी
दिल से मेरे खेल कर
बेचैन होते वो ना यूँ
कुर्बतों की कशिश से
जाते ना दूर हम से
हमे तनहा छोड़ कर
है अजब सा रब्त ये
अनसुने जज़्बात है
ज़ाहिर ना हो पाये ये वो
अनकहे एहसास है
है मुझे भी ये पता
है उसे भी ये खबर
॥॥॥सतीष

11. याद

तुम याद बहुत मुझ को आ रहे हो
ख़यालों में रह कर तरसा रहे हो

ख़्वाबों में आकर रातें सजा कर
आँखों से नींदें चुरा रहे हो

ना रास्ता है जानिब ए सदा को
हमें कहाँ से तुम बुला रहे हो ?

इंतज़ार की हद होती नहीं जब,
शम'-ए-उम्मीद जगमगा रहें हो

तलब सी जागे जो फ़ासलों से
हौसलें हैं ...क्यों दबा रहे हो !

॥॥॥सतीष

12. ख़्वाब ओ ख़याल

अजब सी उलझन है
कैसे भला हम सुलझाए
है ख़यालों में जिस की तमन्ना
ख़्वाब उन के ही सताये

जिसकी आवाज़ की खनक
गूंजती थी ज़ेहन में मेरे
अब तन्हाई को डसती है उनकी यादों की ख़ामोश सदाएँ
अजब सी उलझन है ....
कैसे भला हम सुलझाए

है छिड़ी जंग जो मेरे दिल में
ख़्वाबों और ख़्यालों के दरमियाँ
दोनों सौग़ात है तेरी यादों के दिये
दोनों उल्फ़त के है जफ़ाएँ
अजब सी उलझन है ...
कैसे भला हम सुलझाए
॥॥॥॥सतीष

13. ग़म

दर्द ना हो फिर भी
ग़म में डूब जाता है
सावन में क्यों मन ?
यूँ ही ऊब जाता है
भूली बिसरी बात जाने कहाँ से
बरसते है फ़ूआर से
खिल आते हैं कोंपलें जिस तरह
पहली बौछार से
शायद कोई बीज तमन्ना की
दिल भी दबाए हुए होगा
शायद वो फिर खिलने की
चाह लिए होगा
॥॥॥सतीष

14. क़ुसूर

गिला ख़ता से नहीं, कहाँ जान कर होता है!
क़ुसूर इल्ज़ाम का है,लगा जो हादसा होने के बाद

तड़पाना मक़सद नहीं था रद्द ए अमल में
क़ुसूर दर्द का है चीखने लगे जो
ज़ख़्म खाने के बाद

सुलगते ही रहे मुद्दतों मुहब्बत की अगन में
क़ुसूर जुनूँ का है, बुझी नहीं जो
दिल टूटने के बाद

नाशाद ही रहा हुसूल ए सफ़र मेरा
क़ुसूर मंज़िलों का है बदलते रहे हासिल होने के बाद

फ़ासले वजह नहीं मेरे तनहा होने की
क़ुसूर यादों का है आते रहे जो
तेरे रूठ जाने के बाद
॥॥॥सतीष

15. चल फिर से दोहरायें

भूली बिसरी बात है लेकिन
चल फिर से दोहरायें
अहद ए जवानी के लम्हों से
हम फिर से हो आये

कह दे अधूरी बातें सब
जो रह गई तुम से कहते
जी ना सके जो जीवन
पल भर उसे जी आए

ख़्वाहिशों से टूटा नाता
रिश्तों के कफ़स में रहते
तोड़ दे सलाख़ें रस्मों का
पाखी मन उड़ जाये

ख़ैरियत हमारा कभी पूछते
कोई पैग़ाम तो आए
यक़ीं दे जो के फ़ुरसतों में
हम भी उन्हें याद आए

उम्र ने माना सोच है बदला
और बढ़ाई है समझ भी
थोड़े नादान तुम हो जाओ
और थोड़े हम हो जाये

भूली बिसरी बात है लेकिन
चल फिर से दोहरायें
अहद ए जवानी के लम्हों से
हम फिर से हो आये

॥॥॥सतीष

16. पल भर

जाने कब आओगे,
तुम मुझ से मिलने
पल भर साथ रह कर
एक उमर जीने

मैंने जाने कब से
एक राज़ छुपा रखा है
इस उम्मीद में की तुम से भी शायद
रह गया हो कुछ कहने

जाने कब आओगे,
तुम मुझ से मिलने
पल भर साथ रह कर
एक उमर जीने

अब के मिले तो
दिल के रास्ते खुले रखना
ज़बान को अक्ल की
हुक्म ना मानने देना
बहके जो दिल तो

उसे बहकने देना
जाने कितनी बातें रह गई हो
दरमियान अपने कहने सुनने

जाने कब आओगे,
तुम मुझ से मिलने
पल भर साथ रह कर
एक उमर जीने
॥॥॥॥सतीष

17. तमन्ना

दरारों में सूखती जड़ों को
रोज़ उम्मीद हो जैसे
की दूर आसमाँ में उन के
दुआओं की सिफ़ारिश होगी
मगर क्या लौटेंगे बदल ?
क्या बारिश होगी ?
एक तमन्ना हम जो लिये है
तुम से मिलने की
अगर मेरी आख़री ख्वाहिश होगी
क्या तुम तब भी नहीं आओगे ?
क्या मौत ही मेरे इंतज़ार की नवाज़िश होगी ?
॥॥॥॥सतीष

18. एक लम्हे की फ़राह में

एक लम्हे की फ़राह में
हम परवाने हो गये
तेरी उल्फत की आग में
तैयार जलने हो गये

एक लम्हे की फ़राह में
हम मस्ताने हो गये
तेरे मदभरे लब चूमने
हम पैमाने हो गये

एक लम्हे की फ़राह में
हम दीवाने हो गये
तेरे गीतों में घुलने
लफ़्ज़ ए तराने हो गये

एक लम्हे की फ़राह में
हम माहताब हो गये
तेरे मन के मौजों में
डूबने बेताब हो गये

एक लम्हे की फ़राह में
हम आशिक़ाने हो गये
तेरी सोहबत में इस्मत
राज़ी लुटाने हो गये

एक लम्हे की फ़राह में
यूँ तुम में फ़ना हो गये
एक बहकी रात की लिखी
हम दास्तान हो गये

॥॥॥ सतीष

19. दोहे

स्वार्थी घसे चिराग़ को,करने जो मनचाहे
त्यागी जलाए आग वो,हरसू ज्योत बिखे जाए

भोगी समझे जग भला,सब सुख के साधन लाय
जोगी त्याग के मोह को,जग जानत निकले जाए

सागर गहरा हो जहाँ, लहरें ना उठ पाए
बोध ना तट सा रख ,की मन विचलित हो जाए

निंदक परखे जग सदा,दे बिन माँगे अभिप्राय
ना दुःख से वो कुछ सीखे,ना सुख में वो मुस्काय

ज्ञान वही जो अनन्तता,अज्ञान की दिखलाए
औरों को सिखलाते,खुद सीखे भी जाए

प्रीत वो मोती चाह की सीप जिसे अपनाए
रिश्ते पिरों ले हार में जुड़ ना कभी वो पाये

ध्यान का प्यासा सदा झूठी तेज बिखराये
अपनी लौ में जो जले किरणें वही उगाये

कड़वी सच तू बोलके अपने ही मन को लुभाये
दूजा भुगते सुनते और तड़पता रह जाय
।।।सतीष

20. गुमशुदगी

पास रहकर भी पराया हो गया हैं,
वो शहर की भीड़ में यूँ खो गया हैं।

एक मकान में साथ रहते हैं मगर,
उन से हमें मिलके ज़माना हो गया हैं।

घर नहीं ये बन गया हैं रैन बसेरा,
कुछ मिज़ाज मेरा खगों सा हो गया हैं।

तेरे मेरे ख़्वाबों का था ये आशियां
अब तो नींदों का पता भी खो गया हैं।

भूलने सब अब भी हैं तैयार हम,
तुम भी भूलो, होना था जो वो हो गया हैं।

।।।।।सतीष

21. आवारगी

समझौते पतवार है ...रिश्ते दो बैयाँ
लहरें प्रवाह है ,और प्रेम दरिया
तय कर,है डूबना या पार लगैया
जीवन की नैया ...
जीवन की नैया

आँधी उठेंगी ,पुरवायी चलेंगी
भटक के ही ,दिशा मिलेगी
मन ही कश्ती का खेवैया
मन रख बलिया ...
मन रख बलिया

तैरते रहने . फिसलना होगा
प्रेम का रस ,चखना ही होगा
ये ना सोच क्या कहेगी दुनिया
है रिया *हर नज़रिया
है रिया हर नज़रिया

*hypocrisy

॥॥॥ सतीष